Oscar Enrique Correa Miranda
Nieves Melo

Informática

Oscar Enrique Correa Miranda
Nieves Melo

Informática

Software gratuito

ScienciaScripts

This book is a translation from the original published under ISBN 978-613-9-44175-4.

Publisher:
Sciencia Scripts
is a trademark of
Dodo Books Indian Ocean Ltd. and OmniScriptum S.R.L publishing group

120 High Road, East Finchley, London, N2 9ED, United Kingdom
Str. Armeneasca 28/1, office 1, Chisinau MD-2012, Republic of Moldova, Europe
Printed at: see last page
ISBN: 978-620-8-23362-4

ÍNDICE DE CONTEÚDOS

CAPÍTULO I

NIEVES MIRANDA

A informática representa hoje em dia uma esperança para as nações do mundo, poder processar dados através de dispositivos electrónicos é uma realidade fascinante, na maioria das universidades a informática é estudada nos primeiros semestres, de forma a poder dar aos alunos ferramentas fortes que lhes permitam um desempenho adequado nos seus estudos universitários.A informática pode envolver estudos ligados ao processamento de texto, cálculos, bases de dados e informática em geral. Nesta investigação, são desenvolvidas aplicações para a Internet e para smartphones, que permitem o estudo da geometria, o cálculo de logaritmos e de probabilidades. Pretende-se dotar os alunos de informática de ferramentas tecnológicas, para que possam abordar melhor os conceitos relacionados com a matemática e com o desenvolvimento de software.Desta forma, através dos programas para o estudo da geometria desenvolvidos nesta investigação, os alunos poderão compreender que existe uma circunferência, que tem um raio e um diâmetro; que dentro de um plano cartesiano pode ser simulado um movimento que pode levar a colisões ou intersecções. Nesta investigação é desenvolvida uma aplicação informática que permite o desenvolvimento de uma equação logarítmica baseada na procura de informação de dados dentro de duas variáveis, algo que é fundamental para a compreensão da informática nos alunos de um curso. O estudo de uma variável, que à partida pode ser a forma de encontrar uma informação que, ao ser processada e interpretada, se torna numa informação relevante que permite dar resposta a uma questão colocada no âmbito dos seus estudos universitários, estágios ou teses de licenciatura.É também desenvolvida uma aplicação que permite o estudo das probabilidades, nesse sentido, podem ser avaliadas três opções num dado momento, de forma a determinar a probabilidade de ocorrência de um acontecimento de acordo com os valores atribuídos a cada uma dessas opções dentro do sistema informático que foi desenvolvido.Esta aplicação para o estudo da probabilidade também pode ser considerada útil no caso das redes sociais, para ter em conta, por exemplo, a probabilidade de aumentar o número de utilizadores dentro da rede social, a probabilidade de que o conteúdo oferecido seja de qualidade, a probabilidade de que a interação com a aplicação do sistema de inteligência artificial seja elevada e, tendo em conta os dois elementos anteriores, avaliar a probabilidade de que os utilizadores decidam partilhar o conteúdo que assimilaram dentro da rede social.

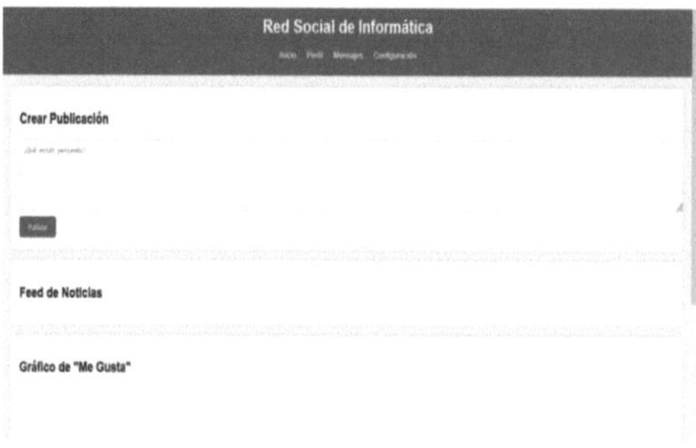

Fonte: https://intinformatic.blogspot.com/ Rede social.

O objetivo desta pesquisa é disseminar a importância do uso das redes de internet para a gestão do conhecimento em informática, por isso é desenvolvido um sistema para a internet que integra um blog, uma rede social e calculadoras matemáticas para entender qualitativa e quantitativamente tudo o que está relacionado à informática. Neste modelo, são desenvolvidas aplicações para o estudo da geometria, o cálculo de probabilidades e logaritmos, que podem ser totalmente aplicadas a uma rede social, porque é possível desenvolver aplicações educativas que, quando integradas numa rede social, permitem que as pessoas aproveitem o seu tempo útil para gerar aprendizagem em torno da informática ou dos conceitos matemáticos que são desenvolvidos dentro deste modelo.

Fonte: https://intinformatic.blogspot.com/ Grafico.

Esta investigação trata de equações de probabilidade em termos da ocorrência de determinados eventos, tendo em consideração duas variáveis e a possível ocorrência de acordo com a ocorrência de um dos eventos envolvidos nessas variáveis. A tecnologia de informação atual, com o seu poder de processamento, pode definitivamente ajudar a melhorar o desenvolvimento climático, por exemplo, determinados indicadores podem ser tidos em consideração num determinado projeto. A plantação de novas árvores seria uma atividade eminentemente quantitativa, com a probabilidade de ocorrência de um maior nível de sensibilização das pessoas para o ambiente, o que, em teoria, poderia desencadear, em termos probabilísticos, um evento que tende a melhorar o ambiente. Nesta pesquisa, desenvolve-se uma calculadora para estabelecer variáveis e eventos probabilísticos, que, com o uso de computadores, irão definitivamente melhorar o meio ambiente.

Fonte: https://intinformatic.blogspot.com/ Rede social de aplicações.

No desenvolvimento desta investigação é possível estabelecer uma aplicação que se sustenta num servidor, de modo a poder difundir os conhecimentos matemáticos e informáticos probabilísticos que se destinam a reforçar os conhecimentos de estudantes, professores e gestores em linhas gerais de diferentes instituições.

A vantagem de poder desenvolver este tipo de aplicações é que as pessoas, a partir dos seus sistemas de smartphones, podem aceder a estas ferramentas de cálculo e, assim, tentar compreender os vários processos que ocorrem nas suas empresas, universidades ou organizações, tendo em conta o poderoso nível de tecnologia que pode ser tratado com a utilização de linguagens de programação, que hoje se baseiam em processadores neurais e quânticos.

Generador de Imágenes con IA

Fonte: https://intinformatic.blogspot.com/ Generator

A investigação desenvolve o algoritmo que, teoricamente, permite o cálculo do maior divisor comum de dois números, mas que, neste caso, se destina a ser aplicado a uma pesquisa de valores dentro de um esquema de pesquisa que avalia a possibilidade de encontrar um valor dentro de uma série de números sucessivos ou de variáveis definidas dentro do sistema.

Generador de Correos Electrónicos

Fonte: https://intinformatic.blogspot.com/ Gerador.

A investigação desenvolve o Teorema de Bayes, que permite, por exemplo, lidar com a probabilidade de contaminação relativamente a um componente do ambiente. Na investigação, são desenvolvidos programas que podem contribuir para a interligação entre as pessoas, por exemplo, com a utilização de um gerador de correio eletrónico que pode funcionar a partir de um servidor, de forma a dar o apoio às pessoas que é tão importante neste momento. Note-se que este tipo de tecnologia no início do século XXI foi pioneira na comunicação entre as pessoas, e hoje continua a ter toda a relevância na medida em que tem impacto na forma como as transacções são efectuadas a nível global nos vários sistemas e plataformas de interligação financeira.

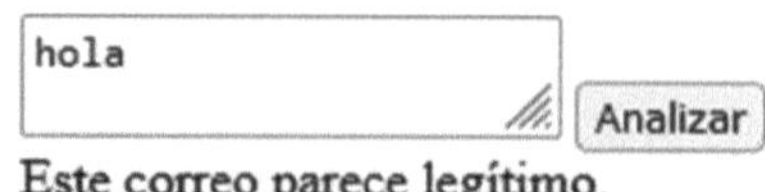

Este correo parece legítimo.

Fonte: https://intinformatic.blogspot.com/ Deteção.

É extremamente importante incorporar o teorema de Bayes no desenvolvimento de um sistema de correio eletrónico, pois permitirá a possibilidade real de detetar mensagens de correio eletrónico não desejadas no sistema, de modo a garantir a utilização segura do sistema de correio eletrónico nas comunicações entre as pessoas. Cada vez mais pessoas vão para a Internet divulgar informação inadequada ou simplesmente publicidade indesejada às pessoas, integrando definitivamente cálculos probabilísticos para determinar a probabilidade de um e-mail representar publicidade indesejada, o que contribuirá positivamente para o sucesso e segurança do sistema de e-mail que estamos a tentar implementar, entendendo que a segurança é hoje em dia fundamental num mundo interligado onde existem diferentes interesses comerciais e pessoais.Neste caso, foi desenvolvido um sistema que permite calcular, com base no teorema de Bayes, a probabilidade de ocorrência de um determinado evento num dado momento. No ecrã, pode ver-se que a probabilidade de ocorrência do acontecimento A é avaliada atribuindo-lhe um valor de 0,5, a probabilidade de ocorrência do acontecimento B atribuindo-lhe um valor de 1, a probabilidade de B ocorrer porque A ocorreu foi atribuída ao valor de 1, a partir daí procede-se ao cálculo da probabilidade de ocorrência do acontecimento A porque B ocorreu, sendo óbvio que o resultado é 0,5. É realmente maravilhoso poder dispor destas teorias probabilísticas, que com a utilização deste programa nos permitem simular possíveis situações que podem ocorrer num dado momento, como o nível de contaminação de um rio, ou a probabilidade de ocorrerem determinados processos especiais num processador ou num sistema informático.

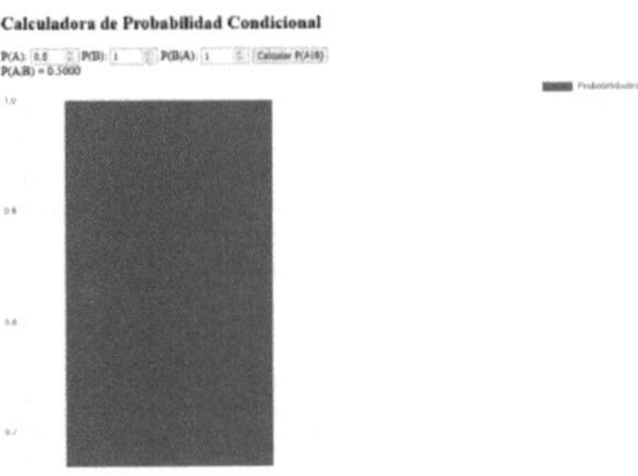

https://intinformatic.blogspot.com/2020/10/prrincipal.html Probabilidade.

Quando nos referimos a eventos probabilísticos, temos de ter em consideração determinadas circunstâncias que podem surgir. Neste sentido, a experiência mostra que quando se lecciona uma disciplina de informática, por exemplo, há muitos alunos que têm grandes expectativas em relação à frequência desta unidade curricular, e é definitivamente necessário incorporar os elementos tecnológicos de hardware e software no processo de ensino para que eles se possam capacitar adequadamente com este conhecimento tão fundamental para as suas vidas. É sempre necessário, quando se aborda um processo de ensino em informática, ter em consideração a motivação, que, de acordo com a experiência, só pode ocorrer na medida em que o líder do processo educativo, ou professor, é capaz de demonstrar que possui a motivação necessária para ensinar. Os alunos serão capazes de compreender que os conteúdos leccionados podem ser de grande utilidade para a sua vida estudantil e profissional.

É necessário salientar que, se houver um nível de motivação adequado e se esta for transmitida de forma correta, todos os estudantes de informática de um curso universitário poderão sentir, através da integração em grupo, que a informação que estão a receber lhes pode ser muito útil.Neste sentido, recomenda-se que se fomente a integração em grupo, que possam ter a capacidade de constituir equipas de trabalho para poderem visualizar os conteúdos multimédia que estão a ser leccionados na unidade curricular de informática, utilizar os meios tecnológicos para assimilar e pôr em prática esses conhecimentos; para que no final de cada unidade curricular possam apresentar uma avaliação prática que lhes permita assimilar os conteúdos que estão a ser leccionados no contexto da sua vida estudantil ou profissional.

Quando os alunos se apercebem que existe a chamada integração de grupo, que os conteúdos são facilmente acessíveis e podem ser desenvolvidos por eles próprios através das suas equipas de trabalho, que têm um objetivo baseado num prazo específico para entregar o trabalho e que serão avaliados com base nos resultados que geraram. Haverá certamente uma dinâmica bastante participativa em que o nível de probabilidade de que os requisitos sejam cumpridos a tempo, que o conteúdo que apresentam seja de qualidade e que, portanto, os resultados esperados quantitativamente ao nível da avaliação sejam óptimos e coerentes com o esforço que fizeram.

CAPÍTULO II

OSCAR ENRIQUE CORREA MIRANDA

Quando um professor de informática está a dar uma aula, pode pensar em sistemas de telefones inteligentes, tablets, computadores portáteis, computadores e um número infinito de elementos tecnológicos que, hoje em dia, integrados na Internet, tornam possível a realização de sonhos. Quando uma pessoa está encarregue de dar uma aula de informática, ou está a gerar um processo informático, é necessário que se ligue a todos os seus sonhos pessoais e que os possa transmitir a quem os está a ouvir. Ao dar uma aula de informática é necessário que os alunos entendam que chegou a hora de começar a sonhar, com aquela independência que eles querem para suas vidas, pois eu vim para fazer um conhecimento que pode representar a possibilidade de transformar os anseios numa realidade palpável. Um dos grandes sonhos que podem ser plantados nos estudantes de informática é a possibilidade de vencer as tradicionais barreiras da distância e do tempo, para que eles sejam capazes de desenvolver programas tecnológicos, por exemplo, a partir de seus computadores ou smartphones para satisfazer as necessidades de informação ou de produtos de muitas pessoas no mundo. Neste sentido, sonhar em 2024 com a possibilidade de os alunos, no final de um curso de informática, poderem dispor de ferramentas de cálculo matemático, logarítmico e probabilístico e do estudo da geometria representa uma oportunidade de formação maravilhosa que, quando posta em prática através do desenvolvimento de aplicações, representa a possibilidade de estes alunos que estão a receber conhecimentos teóricos poderem passar de conselheiros de gestão a consultores activos e a criadores de programas que podem fornecer soluções reais a um mundo que espera respostas imediatas.

https://intinformatic.blogspot.com/2020/10/prrincipal.html Esferas.

Graças aos programas e às linguagens de programação actuais, podem ser simulados modelos matemáticos que permitem, como neste caso, a geração de duas esferas que, a dada altura, podem colidir e atualizar a sua velocidade. Este tipo de modelo pode ser aplicado sobretudo a jogos de vídeo, que podem ser educativos para formar positivamente as novas gerações na área da informática. Neste caso específico, o programa desenvolvido permite que os alunos reconheçam que existem figuras geométricas, neste caso duas circunferências, e que estas podem ter uma velocidade de deslocação que pode variar em algum momento, sobretudo se houver uma colisão, o que geraria imediatamente a redução da velocidade a zero. Este tipo de software permite, de forma pedagógica, simular eventos que podem ocorrer em algum momento com a deslocação de objectos dentro de uma área geográfica, como carros, motos ou bicicletas.

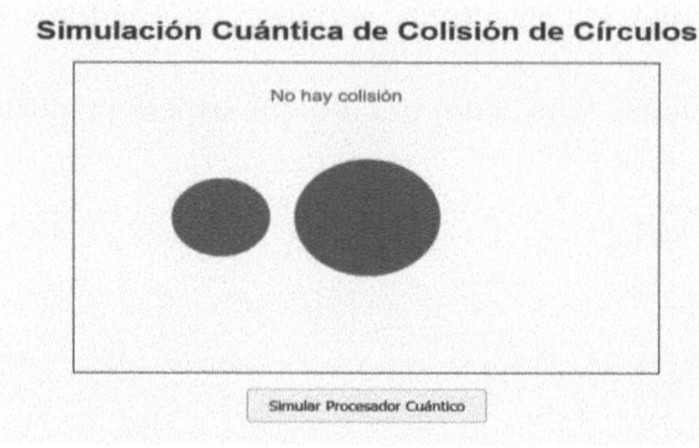

https://intinformatic.blogspot.com/2020/10/prrincipal.html Círculos de colisão.

No caso dos processadores quânticos, que representam a possibilidade de gerar processos informáticos tendo em conta as altas velocidades de processamento, gerou-se um modelo matemático que integra a colisão de duas figuras geométricas mais a teoria da probabilidade de que tal colisão ocorra. Aplicando o modelo matemático e probabilístico, gera-se como resultado, em alguns casos, a colisão dos hipotéticos elementos atómicos que se integram no processador quântico, para tentar simular, a partir da visão computacional, como poderiam ser estes processos quânticos num processador com este alto nível de qualidade.

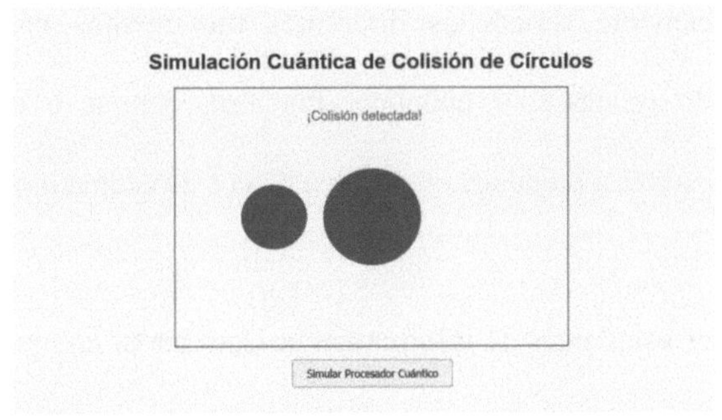

https://intinformatic.blogspot.com/2020/10/prrincipal.html Simulação quântica.

Neste caso, o software de simulação de colisões quânticas dentro de um processador quântico foi capaz de detetar uma colisão, pelo que a cor dos círculos muda de vermelho para verde. de mudanças qualitativas na cor e mudanças quantitativas na velocidade. Este tipo de modelo de software tenta promover a motivação dos alunos de informática, para que possam compreender que existem programas e sistemas operativos que lhes permitem, com recurso à matemática, em algum momento, tentar simular uma situação que é bastante abstrata, como o movimento dos átomos dentro de um processador quântico. Para a geração deste programa, procedeu-se à utilização da linguagem de programação de alto nível baseada em JavaScript, adicionou-se o botão start quantum process para iniciar o movimento das esferas dentro da área que em teoria seriam os espaços do processador quântico. Procedeu-se à simulação da sobreposição quântica, gerando o movimento aleatório dentro do cenário no ecrã, que teoricamente seriam os diferentes movimentos efectuados pelos átomos dentro do processador quântico. Por fim, gera-se o emaranhamento quântico, que mostrará a mudança qualitativa da cor de cada átomo, inicialmente vermelha, mas que, quando se produz o emaranhamento, pode mudar para verde, para que os estudantes de informática possam tentar compreender como é que estes átomos ultra-frios, controlados individualmente, podem gerar processos que conduzem a uma maior velocidade num computador.

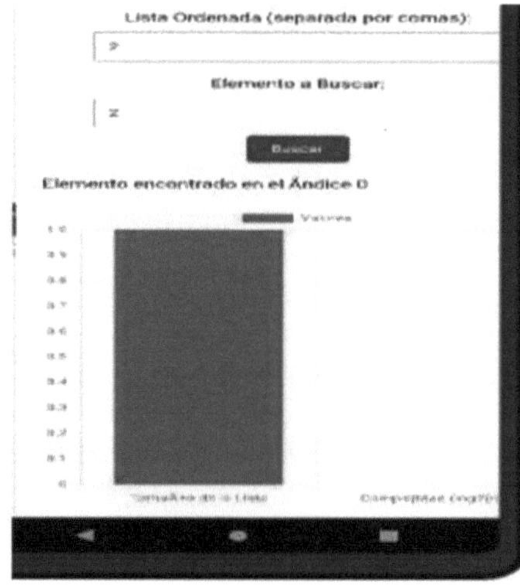

https://intinformatic.blogspot.com/2020/10/prrincipal.html App Item encontrado.

É importante compreender que dentro dos processos informáticos a procura de informação é um aspeto fundamental, neste exemplo faz-se referência a um algoritmo euclidiano, estendido que pode encontrar o máximo divisor comum, e os coeficientes de duas variáveis, de forma a poder gerar no final um resultado gráfico do processo efectuado. Neste caso, procedeu-se à introdução de O valor inicial de 2 foi introduzido para a pesquisa binária, e o valor de 2 foi introduzido como o elemento a ser procurado, gerando assim um gráfico azul, que mostra graficamente que o elemento foi encontrado na sua totalidade. Este algoritmo é definitivamente maravilhoso e executado a partir de um programa de computador sob a forma de uma aplicação para telemóvel, ensinará definitivamente aos alunos a importante noção de que pode haver um dado num determinado momento dentro de uma variável ou de uma base de dados, e que esse valor pode ser encontrado especificamente através de um procedimento de pesquisa que, por sua vez, pode dar um resultado gráfico do nível de conformidade do processo e se este foi executado com 100% de eficácia.

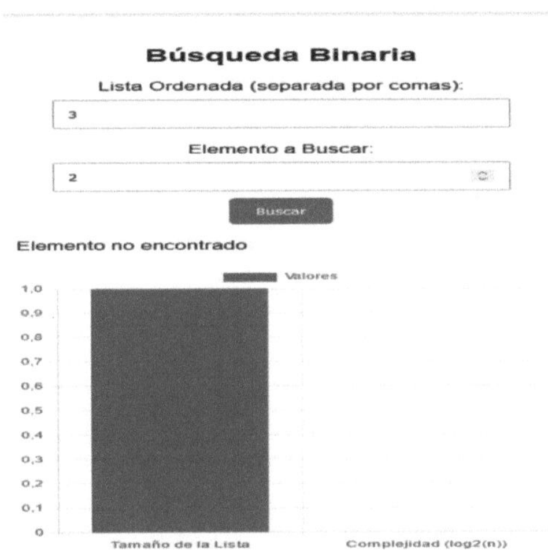

https://intinformatic.blogspot.com/2020/10/prrincipal.html Procurar.

O desenvolvimento de programas que permitam aos estudantes de informática compreender os processos de pesquisa através do algoritmo de Euclides estendido é fundamental, este tipo de pesquisa é atualmente muito reconhecido e a lógica do procedimento está imersa desde as aplicações que realizam conversas até aos programas em que existem bases de dados que controlam o inventário de produtos num armazém. Neste caso, procedeu-se à introdução de valores diferentes, o que fez com que o programa expressasse elemento não encontrado. Ao lecionar um curso de informática, existem definitivamente elementos como as extensões de ficheiros que são conceitos tangíveis, que ao serem tomados em consideração permitem ao aluno compreender que existem programas e que cada um desses programas gera ficheiros, com extensões que podem permitir a realização de diferentes actividades, como editar textos, executar cálculos ou fazer apresentações.A experiência em sala de aula indica que é fundamental ensinar essas extensões de ficheiros associadas a cada um dos programas informáticos, para que os alunos possam compreender que a informação que realizam nesses programas vai ser armazenada dentro de um dispositivo tecnológico, que pode ser reconhecido visualmente pela extensão do ficheiro e que gera um ícone com uma determinada imagem que o representa.

https://intinformatic.blogspot.com/2020/10/prrincipal.html Lista.

Quando se dá uma aula de informática, é definitivamente essencial ensinar aos participantes que podem pesquisar o conteúdo que guardaram no seu computador, pois isso permitir-lhes-á diferenciar entre uma pasta e um ficheiro, para que possam ter uma pasta identificada com um nome que represente o tipo de conteúdo que estão a criar no seu computador ou smartphone. Nesse sentido, é necessário ensiná-los a identificar que existem vídeos, imagens, ficheiros de programas; que podem ser encontrados rapidamente com a implementação de um programa de pesquisa, quer no sistema operativo, quer num programa concebido para encontrar informação, no sistema do computador ou do smartphone que está a ser utilizado.

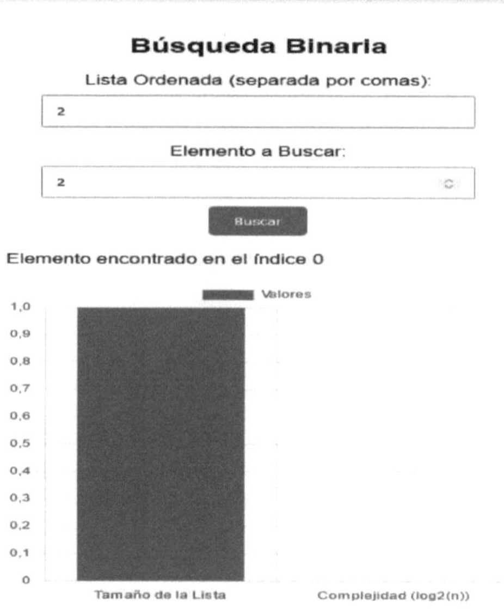

https://intinformatic.blogspot.com/2020/10/prrincipal.html Procurar.

Todos estes programas de pesquisa são extremamente importantes, especialmente para as pessoas que estão a iniciar-se no mundo da informática, pois muitas vezes podem criar uma imagem ou um conteúdo multimédia, que conseguiram guardar no computador, mas que muitas vezes não sabem exatamente onde ou em que pasta foi guardado. Nesse momento, se a pessoa compreender que pode pesquisar por extensão de ficheiro, mesmo que não se lembre do nome do ficheiro, poderá obter como resultado uma série de ficheiros que têm a ver com o tipo de programa que quer encontrar. Por exemplo, se um aluno conseguiu criar um ficheiro de texto no computador, mas não o consegue encontrar, com a implementação deste tipo de programa de pesquisa, poderá encontrá-lo escrevendo simplesmente a extensão do ficheiro e premindo o botão de pesquisa para obter o resultado desejado. Esta investigação integra um modelo prático que através de aplicações permite o cálculo de logaritmos, probabilidades e o estudo da geometria. Neste sentido, quando se aborda o estudo do logaritmo, é possível através destas equações utilizar a ferramenta computacional que foi desenvolvida nesta pesquisa ou softwares aplicados à busca de informações dentro de variáveis. Isso é algo muito bacana, por exemplo, poder avaliar o número de pessoas que possuem uma determinada idade pode ser algo realmente relevante no contexto de um requisito que uma instituição ou uma empresa exige. Há instituições, por exemplo, que para determinados cargos exigem que as pessoas tenham uma determinada idade, e através destas pesquisas pode tentar relacionar um número com a idade de uma pessoa para obter dados que podem ser tratados posteriormente como informação útil para a organização, sobretudo se estiver a fazer referência ao que está ligado ao recrutamento de pessoal em algum momento.

Antivirus Básico

Examinar... No se ha seleccionado ningún archivo. Escanear

https://intinformatic.blogspot.com/2020/10/prrincipal.html Antivírus.

Definitivamente, quando se fala de informática, é necessário mencionar os antivírus, que têm vindo a evoluir para tentar dar funcionalidade aos sistemas de computadores, tablets, computadores portáteis e smartphones. Desde o século XX, quando as unidades de disquete estavam em uso, podia-se ver como a informação podia ser transmitida a partir de unidades de armazenamento de 1,44 Mb, que consistiam em unidades de disquete que permitiam transferir ficheiros para discos rígidos, mas também instalar programas a partir dessas unidades. Isto tinha obviamente a vantagem direta de, por serem portáteis, poderem ser deslocadas de um computador para outro, numa tentativa de facilitar as operações. Isso trazia também a possibilidade de que em algumas dessas transferências de informações pudesse estar presente um vírus, escondido dentro de um arquivo de sistema, nesse momento era recomendado que se tivesse a aba anti-escrita da disquete aberta para que não entrasse nenhum tipo de vírus, que são os chamados programas de computador que podem causar danos aos sistemas ou mesmo às unidades de infraestrutura rígida do computador.

Perante esta situação, por vezes era necessário ativar o separador da disquete, para que esta gravasse a sua informação, o que significava que nessa altura poderia não só receber determinados ficheiros, mas também algum tipo de vírus que poderia ser prejudicial ao manuseamento da informação.Perante esta situação, começaram a surgir os criadores de programas antivírus, que simplesmente possuíam uma base de dados dos vírus existentes e da sua possível eliminação. Nesse sentido, a maioria dos programas oferecia a possibilidade de uma verificação rápida ou profunda, tudo dependeria da disponibilidade de tempo do utilizador, afinal, ao utilizar este tipo de sistemas antivírus, o que era necessário era a ativação da verificação das unidades de armazenamento, seguida da deteção de eventuais vírus existentes e a posterior quarentena de quaisquer anomalias encontradas no sistema. Hoje em dia quando se faz referência direta ao antivírus é necessário referir que existem ameaças como: malware, ramsonware que podem afetar o funcionamento dos sistemas operativos e informáticos. Perante esta situação, há empresas e indivíduos que decidiram proteger os seus sistemas, sendo necessário salientar que alguns sistemas operativos actuais integram um sistema antivírus para proteger a integridade dos dispositivos de hardware e software ligados ao sistema geral. É necessário compreender que a Internet passou a desempenhar um papel fundamental nesta situação. É de salientar que muitos destes sistemas antivírus têm atualmente a capacidade de serem actualizados online, o que lhes confere uma dinâmica muito interessante em termos da sua atividade principal, que é a de proteger a utilização dos sistemas informáticos em tempo real.

Antivirus Básico

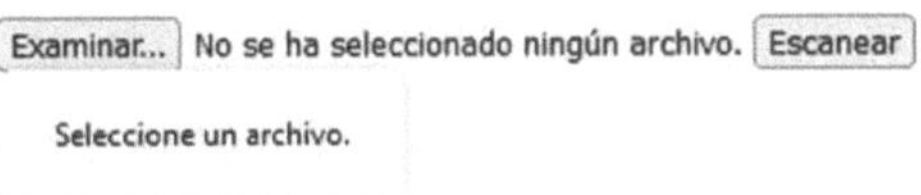

https://intinformatic.blogspot.com/2020/10/prrincipal.html Antivírus.

Um bom antivírus tem de ter a capacidade real e verdadeira de analisar opções de armazenamento que possam, em algum momento, ser infectadas, nesse sentido, os discos rígidos internos ou externos, as unidades de armazenamento externas amovíveis estão hoje em dia sujeitas a análise e deteção de vírus, de forma a manter a integridade dos sistemas operativos e funcionais do computador ou smartphone. Nesse sentido, algumas pessoas preferem hoje em dia ter uma deteção em tempo real de vírus ou ameaças no sistema, de modo a evitar danos físicos ou perda de informação.

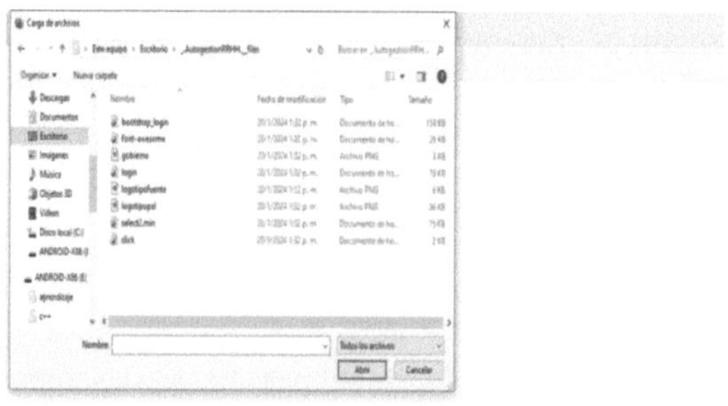

https://intinformatic.blogspot.com/2020/10/prrincipal.html Carregamento de ficheiros.

Definitivamente ao ministrar uma aula de informática é necessário mostrar aos alunos as diferentes opções de antivírus disponíveis no mercado, entendendo que existem opções que podem ser gratuitas ou pagas para tudo. dependendo das necessidades da instituição ou empresa onde as atividades de informática estão sendo desenvolvidas. É necessário compreender que existem sistemas antivírus que podem muitas vezes detetar códigos de programação como sendo nocivos, e preventivamente proceder à geração de um aviso.Na prática hoje em dia quando se desenvolve software baseado em linguagens de programação como Java, C++ e outras, é aconselhável ter os códigos de programação numa unidade externa amovível ao computador, para que quando o sistema antivírus detetar o código de programação e o considerar como uma atividade anormal, a unidade de armazenamento externa possa ser removida para que as operações normais do computador possam continuar.

App1
Agregar tarea | Agregar

App2
Agregar tarea | Agregar

App3
Agregar tarea | Agregar

https://intinformatic.blogspot.com/2020/10/prrincipal.html Aplicações.

O desenvolvimento de aplicações para a telefonia inteligente tem vindo a ganhar um espaço significativo, pois este tipo de tecnologia, que normalmente pode ter interligação sem fios ou via satélite, permite às pessoas progredir significativamente em todos os processos de comunicação, estudantis ou de trabalho, devido à sua forma prática, ao seu tamanho significativamente menor e à possibilidade de o levar para diferentes locais.

A nível de programação, isto representa um desafio verdadeiramente fascinante, pelo que hoje em dia, com aplicações como Java ou C++, é possível tentar criar ambientes virtuais que possam emular um sistema operativo como o Android, uma vez que o desenvolvimento de aplicações centradas em sistemas de telemóveis inteligentes é cada vez mais necessário devido à procura do mercado. É por isso que a geração de tais ambientes virtuais através de código de programação é verdadeiramente fascinante, de tal forma que uma vez programada uma determinada aplicação, seja para fins educativos, organizacionais ou industriais, pode emular as condições dentro do computador onde está a ser programada, mesmo que o sistema operativo seja um software proprietário.

https://intinformatic.blogspot.com/2020/10/prrincipal.html Calculadora.

Uma das aplicações que é essencial desenvolver do ponto de vista do código de programação é a calculadora, uma vez que a maioria dos sistemas operativos, tanto para computadores como para smartphones, são capazes de integrar um programa deste tipo. Nesta investigação, desenvolvemos um programa centrado numa calculadora, que permite ao utilizador desenvolver diferentes cálculos a partir de um navegador Web. É maravilhoso poder desenvolver uma calculadora que pode ser acedida a partir de um navegador web ou de um sítio web, pois muitos estudantes de informática podem começar a sentir que trabalhar num computador é algo que contribuirá positivamente para o seu desenvolvimento estudantil e profissional.

https://intinformatic.blogspot.com/2020/10/prrincipal.html Inferência.

Outro aspeto relevante do ensino da informática é poder ensinar aos alunos que existe uma lógica para trabalhar com componentes de hardware ou de software. Nesta investigação, foi desenvolvido um programa que permite tentar compreender o funcionamento de um servidor, entendendo-se que hoje em dia, com tecnologias como o Apache, a atividade de investigação que se desenvolve numa universidade ou instituição pode ser dada a conhecer ao mundo.

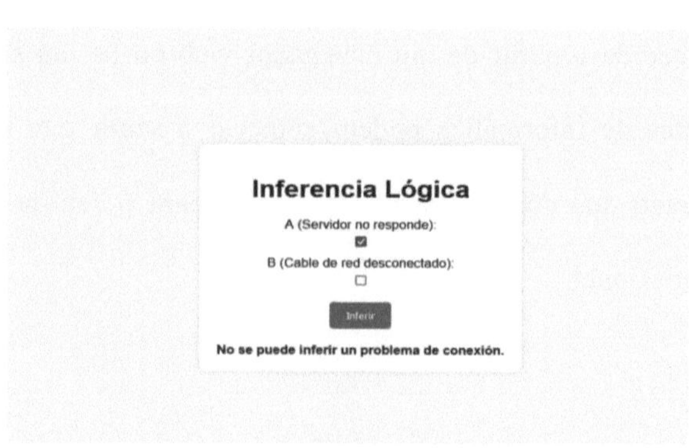

https://intinformatic.blogspot.com/2020/10/prrincipal.html O servidor não responde.

Neste caso, utilizando a lógica e o programa desenvolvido nesta pesquisa, quando o servidor não responde, não é possível inferir um problema de conexão. É necessário entender que há momentos em que uma tecnologia web é desenvolvida dentro de um servidor Apache, e dependendo de certos elementos de operacionalidade como memória e capacidade de armazenamento, é possível dizer que em algum momento o servidor não conseguirá responder. responde a uma instrução que lhe é dada através de um código de programação.

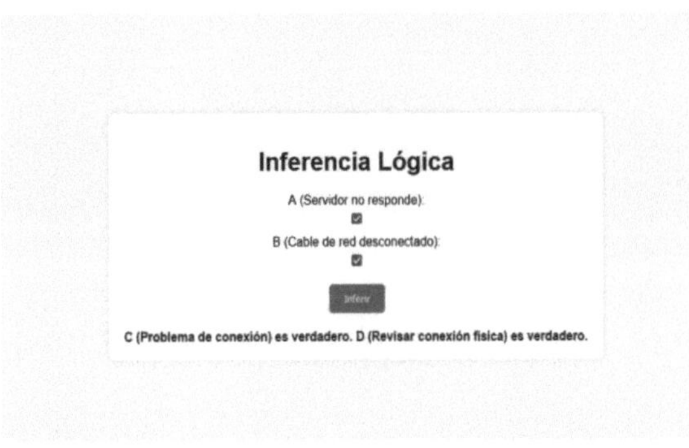

https://intinformatic.blogspot.com/2020/10/prrincipal.html Inferência.

Neste caso, quando o programa desenvolvido nesta investigação, por inferência lógica, determina que o servidor não está a responder e que o cabo de rede está desligado, passa a dar uma mensagem de que o problema é real e verifica a ligação física.Este tipo de programa permite aos alunos de informática compreender que existe um servidor, que representa a possibilidade de, através de um programa como o Apache, utilizar o espaço de armazenamento de um computador e gerar comportamentos do tipo web, simulando condições da Internet dentro de estruturas estabelecidas. Agora, são avaliadas condições como a resposta do servidor a determinados pedidos feitos por clientes através da Internet ou da intranet, mas também são avaliadas as condições físicas do servidor, se este tem uma ligação ativa e funcional. Desta forma, o aluno pode compreender cada uma das partes do servidor, mas também familiarizar-se com a possibilidade de uma falha e as alternativas possíveis nessas situações.

https://intinformatic.blogspot.com/2020/10/prrincipal.html Utilizador.

Um aspeto fundamental que os estudantes de informática têm de aprender é que os servidores actuais estão orientados para o tratamento de grandes capacidades de armazenamento, a chamada nuvem, para que um programador possa desenvolver uma aplicação de software que é depois distribuída através de sistemas globais de distribuição de aplicações na Internet, gerando assim a interação com um grande número de pessoas. Atualmente, a maioria das aplicações orientadas para o e-learning, a comunicação virtual e outras têm em consideração a possibilidade de avaliar as credenciais do utilizador. Isto consiste em ter a capacidade de avaliar se uma pessoa que está a tentar entrar no sistema está previamente registada numa base de dados ou numa variável.

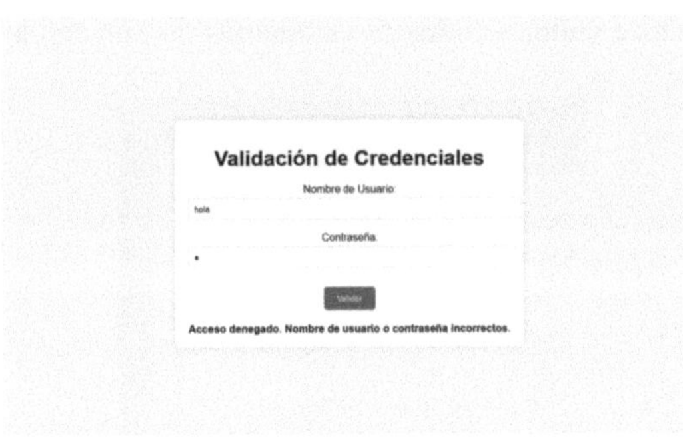

https://intinformatic.blogspot.com/2020/10/prrincipal.html Validação.

Neste caso, foi desenvolvido um sistema de acesso que pode detetar se um utilizador tem permissão para iniciar sessão ou se simplesmente não pode iniciar sessão. Algo semelhante pode ser observado nos sistemas operativos actuais, em que se refere ao início de sessão de um determinado utilizador que pode ter um nome e que deve ser identificado para ter acesso a determinados recursos importantes do sistema operativo, como o nível de administrador. Todos os estudantes de informática devem compreender que existem diferentes níveis de acesso a um determinado sistema, dependendo da utilidade ou funcionalidade que cada utilizador tem para gerar dentro do sistema. Há casos relacionados, por exemplo, com o nível de controlo de estudos nas universidades, em que os professores podem ter acesso a um nível que lhes permite carregar notas no sistema e, por sua vez, enviá-las para o controlo central de estudos, que deve ser responsável pelo processamento de todas essas notas carregadas, a fim de dar uma acusação eficaz e válida a todos os estudantes da universidade.

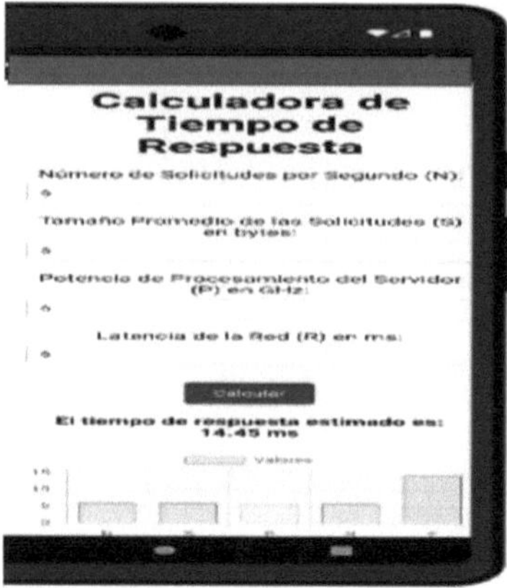

https://intinformatic.blogspot.com/2020/10/prrincipal.html Latência da

aplicação.

Nesta pesquisa, foi desenvolvida uma aplicação que leva em consideração o número de requisições por segundo, tamanho médio da requisição em bytes, poder de processamento do servidor, latência da rede em função do tempo de resposta, que neste caso foi de 14,45 ms.As requisições a este servidor tem a ver com a forma com que um cliente que está conectado através de algum protocolo de internet, consegue desenvolver a requisição de algum tipo de informação, nesse sentido muitas vezes uma pessoa pode requerer algum tipo de informação do banco de dados ou cálculo que está sendo executado dentro do servidor.

https://intinformatic.blogspot.com/2020/10/prrincipal.html Processamento do

servidor.

Neste tipo de programa também é levado em consideração o tamanho médio em

bytes das requisições que são feitas, nesse sentido hoje em dia pode-se observar

que ao desenvolver um programa por exemplo de ditado de voz que roda a partir

do servidor que foi criado, que pode gerar uma série de dados que são

transmitidos como resposta, é necessário entender que muitas pessoas preferem

utilizar os serviços de servidores remotos em alguns A principal razão para isso

é a velocidade de transferência ou a capacidade de processamento de dados que

ele possui. Nesta pesquisa é desenvolvido um modelo teórico que envolve o

estudo da geometria, o cálculo do logaritmo e de probabilidades. Neste sentido,

por exemplo, podem ser avaliadas as probabilidades de resposta de um servidor,

tendo em conta a ligação à rede, os programas que possui e o número de pedidos

efectuados pelos clientes. Neste sentido, podem ser incluídos outros elementos

importantes, como a introdução de programas de inteligência artificial que

funcionam a partir de servidores, muitos dos quais, na maioria dos casos, requerem processadores neurais ou quânticos avançados ou a integração de placas GPU para poderem gerar uma melhor resposta. No sentido das probabilidades, na medida em que são incorporadas tecnologias que processam uma maior quantidade de informação, com um maior número de velocidades, é necessário, neste caso, compreender que a velocidade de resposta ao cliente pode ser de melhor qualidade.

https://intinformatic.blogspot.com/2020/10/prrincipal.html Aplicações médias.

É necessário compreender que quando se cria um servidor baseado na tecnologia Apache, é possível estabelecer uma página principal em formato HTML, que será a apresentação formal a terceiros de todos os serviços que estão a ser oferecidos a partir do servidor, nesta pesquisa, por exemplo, são desenvolvidas redes sociais, programas online para edição de texto, ditado de voz e outras aplicações em termos de informática. É necessário ter em conta que a resposta a todos estes processos dependerá da velocidade de processamento do servidor. O objeto de estudo funciona com um processador de 3 GHz modelo i5, no qual se desenvolvem as diferentes actividades nas diferentes linguagens de programação que foram estabelecidas através de códigos informáticos que são armazenados no servidor como ficheiros.

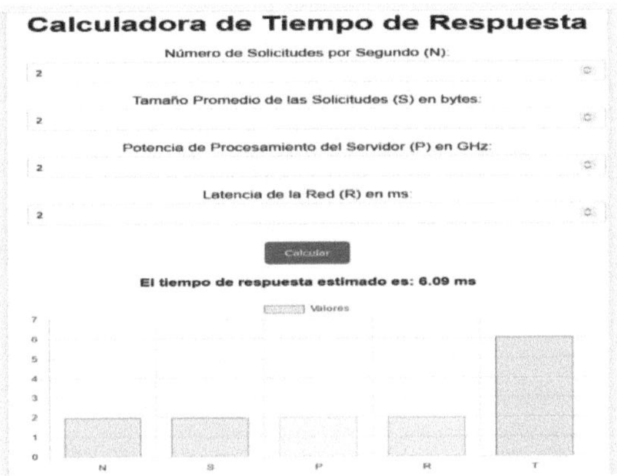

https://intinformatic.blogspot.com/2020/10/prrincipal.html Pedidos por segundo.

Em termos de latência da rede, esta tem a ver com os períodos de tempo durante os quais uma informação que tem uma ligação à Internet viaja, neste caso é medida em milissegundos. Neste sentido, a experiência indica que é aconselhável que ambas as ligações sejam suportadas por um elevado nível de interconectividade, que na maioria dos casos, especialmente para aplicações de inteligência artificial, é recomendado que seja superior a 100 MB por segundo.Esta investigação desenvolve um modelo prático que envolve o estudo da probabilidade, da geometria e do cálculo do logaritmo; neste sentido, tenta estabelecer uma forma de os estudantes de informática compreenderem que, através do cálculo do logaritmo, podem ser efectuadas pesquisas de informação que analisam duas variáveis num determinado momento. Isto é algo verdadeiramente transcendental no mundo da informática, uma vez que os dados estão constantemente a ser transformados em informação, pelo que podemos sempre tentar obter resultados fiáveis e úteis para as organizações.

https://intinformatic.blogspot.com/2020/10/prrincipal.html Tempo de resposta.

É necessário que todos os estudantes de informática compreendam que a maior parte dos processos hoje em dia se desenvolvem a partir da Internet. Há casos em que os estudantes precisam de verificar a sua nota no sistema suportado pelo controlo de estudos, para isso podem aceder ao que se chama uma página principal do servidor para poderem introduzir a sua palavra-passe e a sua chave.Uma vez iniciada a sessão, se os estudantes tiverem acesso a um sistema central de controlo de estudos, poderão verificar as suas notas, que na maioria dos casos são atribuídas a cada unidade curricular com cinco avaliações, que podem ser consideradas de 0 a 100, de 0 a 20 ou de acordo com a escala que cada universidade decidiu atribuir.

https://intinformatic.blogspot.com/2020/10/prrincipal.html Tempo de resposta.

Neste caso, o programa desenvolvido a partir do servidor permite avaliar uma série de variáveis, que representarão os valores obtidos como resultado dos cálculos associados à velocidade de resposta do servidor. É por isso que a utilização de processadores neurais ou quânticos no futuro da computação aplicada a estes programas de inteligência artificial dá uma resposta muito pertinente à necessidade de uma resposta eficiente requerida para a gestão da informação a partir do nível cliente-servidor.

https://intinformatic.blogspot.com/2020/10/prrincipal.html Colisões.

Neste caso, foi desenvolvido um programa informático para que os alunos de informática possam visualizar graficamente os elementos ligados a duas circunferências, para as quais lhes são pedidos os valores do centro da circunferência e do raio da circunferência, de modo a poderem avaliar a possibilidade de duas circunferências se deslocarem numa determinada área e, num dado momento dessa deslocação, poderem gerar uma colisão.

Neste caso de investigação, foi desenvolvido um modelo centrado no estudo da geometria, da probabilidade e do cálculo do logaritmo. É necessário compreender que os cálculos probabilísticos permitem avaliar a probabilidade de ocorrência de um acontecimento num determinado momento. Por exemplo, é possível avaliar a probabilidade de ocorrência de três eventos, que muitas vezes podem ser atribuídos a partir de uma perspetiva lógica ou de uma análise quantitativa exaustiva.

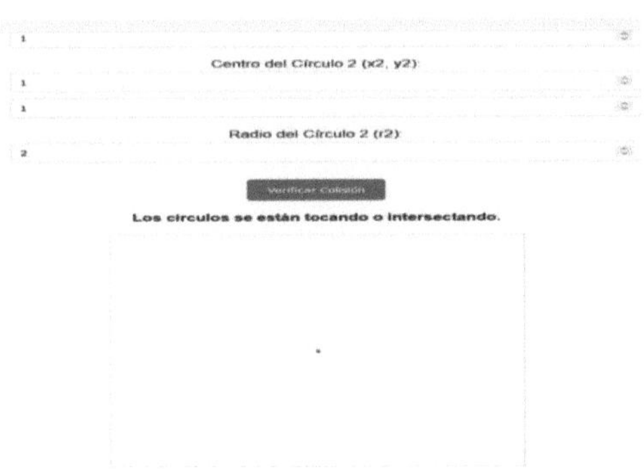

https://intinformatic.blogspot.com/2020/10/prrincipal.html Círculos.

Neste caso, é possível avaliar se as circunferências se tocam ou se intersectam, entendendo-se por intersecção o ponto em que duas circunferências se podem tocar. Nesta investigação é desenvolvido um modelo prático que envolve o estudo da geometria, da probabilidade e do cálculo de logaritmos. Neste sentido, pretende-se dar aos alunos de informática as noções básicas de uma figura geométrica tão importante como a circunferência, para que possam compreender que esta figura pode ter um deslocamento num plano cartesiano que por sua vez tem uma velocidade, o que pode gerar consequências como colisões ou intersecções.

https://intinformatic.blogspot.com/2020/10/prrincipal.html Círculos.

Neste caso, foi atribuído um valor de 6 ao centro e ao raio das circunferências, gerando o resultado de que as circunferências estão a tocar-se. É importante que os alunos de informática compreendam que, através da linguagem de programação, é possível simular acontecimentos da realidade como, neste caso, a intersecção de duas circunferências, o que, obviamente, deve estimular a compreensão da importância da utilização de um servidor que possa alojar ficheiros que tenham código de programação em função da simulação de situações da realidade, e de como estes programas informáticos podem ser utilizados para responder a situações do quotidiano.

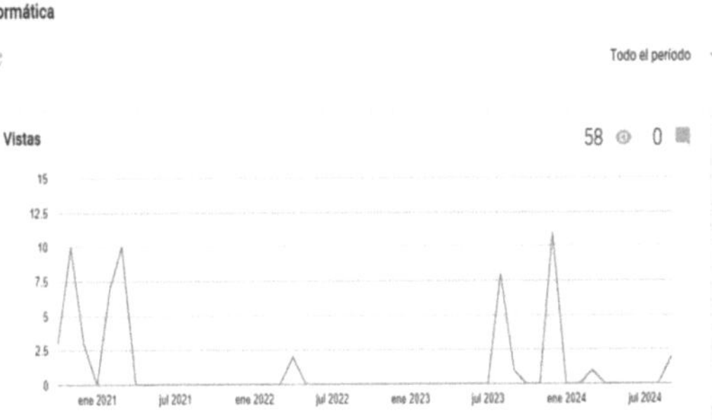

https://intinformatic.blogspot.com/2020/10/prrincipal.html Visualizações

O objetivo desta investigação é promover um modelo que tenha em consideração a geometria, o cálculo de logaritmos e as probabilidades, de modo a compreender todos os aspectos que podem ser avaliados no mundo da informática, tanto do ponto de vista geométrico, como de pesquisas dentro de variáveis e cálculos probabilísticos, de modo a compreender a realidade que é vivida no dia a dia e as diferentes circunstâncias que ocorrem no mundo da informática do ponto de vista da matemática.O estabelecimento de um modelo deste tipo permitirá aos alunos compreenderem diferentes elementos da informática, de modo a poderem assimilar inicialmente os diferentes conteúdos existentes na matemática e na estatística, mas assimilados ao nível dos programas informáticos e das equações que permitem gerar determinados processos simulados em ambientes virtuais.

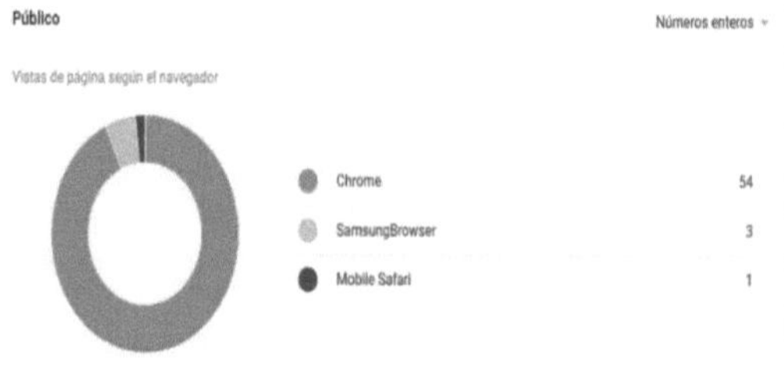

https://intinformatic.blogspot.com/2020/10/prrincipal.html Browsers.

O desenvolvimento de um modelo matemático que permita o estudo da geometria, da probabilidade de ocorrência de um evento e de cálculos logarítmicos permitirá compreender determinados processos que ocorrem atualmente no âmbito da internet, nesse sentido atualmente as figuras geométricas são utilizadas como forma de tentar garantir que determinados processos ocorrem corretamente no âmbito das redes sociais, especificamente no caso da figura geométrica quando se refere aos círculos utiliza-se muitas vezes os círculos sobrepostos para verificar se é um ser humano que está a utilizar um determinado sistema. É necessário compreender neste sentido que tal modelo aplicado a sistemas informáticos, por exemplo, pode ser útil no caso de avaliar diferentes eventos probabilísticos que podem ocorrer, tendo em consideração por exemplo o número de tentativas de acesso a um sistema, se o limite permitido for ultrapassado, pode ocorrer a possibilidade de gerar uma mensagem de restrição de acesso ao sistema.

https://intinformatic.blogspot.com/2020/10/prrincipal.html Continentes.

Neste caso, foi desenvolvido um modelo matemático que integra programas informáticos para resolver cálculos de probabilidade, equações de logaritmos e o estudo da geometria. Neste sentido, o objetivo é promover o estudo da informática, mas também dotar as pessoas de ferramentas tecnológicas para que possam compreender como se geram os diferentes processos dentro dos sistemas informáticos e das redes sociais em geral. Ser capaz de desenvolver sistemas tecnológicos que integram a aplicação da matemática, representa a possibilidade de os estudantes de informática começarem a estudar as formas de organização e apresentação da informação, para dar coerência a todas as ideias que podem ser geradas no campo da informação. É necessário indicar que hoje em dia são gerados processos educativos marcados por inovações constantes, um exemplo disso é a utilização da inteligência artificial para formar alunos, que se caracterizam por estarem informados da realidade através das redes sociais e da

Internet, razão pela qual todo o líder de processos educativos tem de gerar processos interactivos aplicados à realidade, para que os alunos possam sentir essa identificação necessária, para terem a motivação centrada nas unidades curriculares. Neste quadro de referência, já existem andróides virtuais com a capacidade de gerar interação com os alunos, mas essa centelha motivacional está hoje definitivamente marcada pelo exemplo de vida e de empenho pessoal que um professor universitário pode dar à sua turma em termos do bem-estar educativo e profissional dos seus alunos.

https://intinformatic.blogspot.com/2020/10/prrincipal.html Países.

Atualmente, é maravilhoso para o ensino da informática poder desenvolver um modelo que inclua o estudo da geometria, das probabilidades e do cálculo logarítmico. Em primeiro lugar, poder ensinar aos estudantes de informática os elementos da geometria, e que o seu comportamento pode ser estudado num plano cartesiano. Quanto ao estudo dos logaritmos, eles permitem definitivamente a possibilidade de comparar duas variáveis, num determinado momento, para encontrar valores que estão relacionados. Este é um processo verdadeiramente maravilhoso que está ligado à procura de informação, que atualmente pode ser vista desde o mais básico como a procura de um valor dentro de um programa, a tentativa de encontrar um ficheiro dentro de um servidor ou disco rígido e, claro, o caso mais relevante hoje em dia, que é muito mais amplo e tem a ver precisamente com as pesquisas na Internet.

REFERÊNCIAS BIBLIOGRÁFICAS

Nações Unidas (2023). Relatório sobre o desenvolvimento digital e a inclusão tecnológica. Obtido em https://www.un.org/es/informaticaydesarrollo

Nações Unidas (2022). Estratégias para a cibersegurança mundial. Nova Iorque: Nações Unidas. Recuperado de https://www.un.org/es/ciberseguridad

Nações Unidas (2021). O impacto da inteligência artificial nos direitos humanos. Genebra: Gabinete do Alto Comissariado para os Direitos Humanos. Retirado de https://www.un.org/es/ia-derechoshumanos

Nações Unidas (2020). Tecnologia e desenvolvimento sustentável: Uma abordagem holística. Nova Iorque: Nações Unidas. Recuperado de https://www.un.org/es/tecnologia-sostenible

Nações Unidas (2019). O fosso digital e o seu impacto no desenvolvimento económico. Relatório do Programa das Nações Unidas para o Desenvolvimento. Recuperado de https://www.un.org/es/brecha-digital

Printed by Books on Demand GmbH, Norderstedt / Germany